John Caunt

30 Minuten
zur Bewältigung der
Informationsflut

Lars Vorsel

Die Deutsche Bibliothek – CIP-Einheitsaufnahme

Caunt, John:
30 Minuten zur Bewältigung der Informationsflut / John Caunt. [Aus dem Engl. übers. von Ingrid Proß-Gill]. - Offenbach : GABAL, 2000
(30-Minuten-Reihe)
Einheitssacht.: 30 minutes to manage information overload ‹dt.›
ISBN 3-89749-041-2

Lektorat: Brigitte Lammel, Wiesbaden
Umschlag und Layout:
Vitting & Wagner Kommunikation, Darmstadt
Satz: Jacobs Typographie & Design, Offenbach
Druck und Verarbeitung: Salzland Druck, Staßfurt

Hinweis:
Das Buch ist sorgfältig erarbeitet worden. Dennoch erfolgen alle Angaben ohne Gewähr. Weder Autor noch Verlag können für eventuelle Nachteile oder Schäden, die aus den im Buch gemachten Hinweisen resultieren, eine Haftung übernehmen.

Printed in Germany

ISBN 3-89749-041-2

In 30 Minuten wissen Sie mehr!

Dieses Buch ist so konzipiert, dass Sie in kurzer Zeit prägnante und fundierte Informationen aufnehmen können. Mit Hilfe eines Leitsystems werden Sie durch das Buch geführt. Es erlaubt Ihnen, innerhalb Ihres persönlichen Zeitkontingents (von 10 bis 30 Minuten) das Wesentliche zu erfassen.

Kurze Lesezeit
In 30 Minuten können Sie das ganze Buch lesen. Wenn Sie weniger Zeit haben, lesen Sie gezielt nur die Stellen, die für Sie wichtige Informationen beinhalten.

- Alle wichtigen Informationen sind blau gedruckt.

- Schlüsselfragen mit Seitenverweisen zu Beginn eines jeden Kapitels erlauben eine schnelle Orientierung: Sie blättern direkt auf die Seite, die Ihre Wissenslücke schließt.

- *Zahlreiche Zusammenfassungen innerhalb der Kapitel erlauben das schnelle Querlesen. Sie sind blau gedruckt und zusätzlich durch ein Uhrsymbol gekennzeichnet, so dass sie leicht zu finden sind.*

- Ein Register erleichtert das Nachschlagen.

Inhalt

Vorwort

Die ständig wachsende Informationsflut ist heute zu einem ernsten Problem am Arbeitsplatz geworden. In allen Industriestaaten der Welt kämpfen die Menschen darum, die ungeheuren Mengen von Informationen zu bewältigen, mit denen sie beruflich umgehen müssen. Mehrere Untersuchungen haben ergeben, dass diese Informationsflut unmittelbar zu starkem Stress, geringerer Zufriedenheit mit der eigenen Arbeit und verminderter Produktivität führt. Und die Informationsflut schwillt ständig weiter an. Der Postkorb ist inzwischen oft durch die Mailbox ersetzt worden, aber der Umgang mit elektronischer Kommunikation ist nicht immer einfacher – ganz abgesehen davon, dass diese Kommunikationsform häufig gedankenlos eingesetzt wird.

Ursachen

Dass die Informationsflut ständig wächst, ist unter anderem auf folgende Faktoren zurückzuführen:

- das Wachstum von Firmen mit zahlreichen Niederlassungen und
- die Technologie, die es ermöglicht, Informationen immer leichter zu erzeugen, zu speichern und zu transportieren.

Natürlich kann der Einzelne kaum etwas tun, um diese weltweite Flut einzudämmen, doch die meisten von uns haben durchaus die Möglichkeit, ihren eigenen Bereich besser zu managen und diejenigen zu beeinflussen, mit denen sie zusammenarbeiten. Dadurch können wir unsere Produktivität steigern und den Stress verringern. In diesem Buch möchte ich Ihnen in 30 Minuten Techniken und Strategien vorstellen, durch die Sie die Informationsflut besser bewältigen können.

Aufbau des Buches

- In den ersten beiden Kapiteln geht es darum, negative Gewohnheiten beim Umgang mit Informationen zu erkennen und sinnvolle Arbeitstechniken einzusetzen. Sie erfahren, wie Sie Ihr Lesetempo steigern, Ihre Konzentrationsfähigkeit verbessern und Ihr Gedächtnis stärken können.
- Im dritten Kapitel erfahren Sie, wie Sie den täglichen Papierstapel auf Ihrem Schreibtisch bewältigen und wie wichtig eine gut funktionierende Ablage ist.
- Das vierte Kapitel behandelt die Zuammenarbeit mit Kollegen und Kunden. Durch Initiativen und Aktionen können Sie in Ihrem Arbeitsbereich viel dazu beitragen, das Problembewusstsein für die Informationsflut zu schärfen.
- Dann stehen E-Mail und Internet und der sinnvolle Umgang mit dem Computer im Mittelpunkt. Ein persönlicher Aktionsplan kann Ihnen bei der Umsetzung der aufgezeigten Wege aus der Informationsflut helfen.

Wie gehen Sie mit Informationen um?

Dass man mit der Menge an Informationen nicht mehr klarkommt, kann man an mehreren Anzeichen erkennen. Kreuzen Sie an, welche der folgenden Aussagen für Sie zutreffen.

- ☐ 1. Ich habe nicht genug Zeit, um das Material zu lesen, das mir geschickt wird.
- ☐ 2. Ich bin mit meiner Fähigkeit, mit den Entwicklungen auf meinem Arbeitsgebiet Schritt zu halten, nicht zufrieden.
- ☐ 3. Ich schaffe es nur selten, meinen Postkorb ganz abzuarbeiten.
- ☐ 4. Papierkram erledige ich meistens nicht gleich, wenn er anfällt.
- ☐ 5. Ich habe Probleme, die Unterlagen zu finden, die ich bei der Arbeit benötige.
- ☐ 6. Meine Kollegen überschütten mich mit Informationen, die ich nicht brauche.
- ☐ 7. Mir fehlt die Zeit, um meine Akten zu ordnen.
- ☐ 8. Aufgrund ständiger Störungen kann ich mich nicht auf Aufgaben mit hohem Informationsgehalt konzentrieren.
- ☐ 9. Ich werde mit unerwünschten und uninteressanten Briefen, Faxen und E-Mails bombardiert.
- ☐ 10. Ich befürchte, dass ich die Technologie beim Umgang mit Informationen nicht richtig einsetze.
- ☐ 11. Ich kann mich oft nicht entscheiden, was ich mit Dokumenten, die ich bekomme, tun soll.

- ☐ 12. Ich würde Dokumente gern schneller verarbeiten können.
- ☐ 13. Wenn ich eine bestimmte Aufgabe ausführen muss, bin ich oft unsicher, ob ich mir alle verfügbaren Informationen besorgt habe.
- ☐ 14. Ich vergesse viel von dem, was ich lese.
- ☐ 15. Das, was ich brauche, finde ich im Internet nicht.
- ☐ 16. Der Umfang der Informationen, mit denen ich mich befassen muss, nimmt ständig zu.

Falls keiner dieser Faktoren auf Sie zutrifft, dann brauchen Sie hier nicht weiterzulesen. Wenn Sie sich aber in mindestens sechs Punkten wieder erkennen, dann kann dieses Buch Ihnen weiterhelfen.

Übernehmen Sie die Kontrolle!

Dieses Buch weist Ihnen einen Weg, wie Sie es schaffen können, die Informationsflut unter Kontrolle zu bringen. Die Informationen sollen nämlich für Sie arbeiten, sie sollten Ihr Diener sein, nicht Ihr Herr. Das können Sie aber nur erreichen, wenn Sie

- wichtige Informationen von unwesentlichen trennen; Informationen der ersten Kategorie sollten Sie gut aufbewahren, die der zweiten Kategorie dagegen wegwerfen
- herausfinden, welche Schwächen Sie zurzeit beim Umgang mit Informationen haben, und dann daran arbeiten, sie abzustellen
- erkennen, dass Sie Informationen nur dann effektiv nutzen können, wenn diese verständlich, zuverlässig und im Bedarfsfall zugänglich sind.

1. Sinnvoller Umgang mit Informationen

- Wir erzeugen Informationen, indem wir Briefe, Memos, Berichte und E-Mails schreiben, Statistiken und Diagramme erstellen und Präsentationen vorlegen.
- Wir teilen sie anderen mit, indem wir sie auf Papier, per Telefon, Fax oder E-Mail oder im direkten Gespräch senden und empfangen.
- Wir nehmen sie auf, indem wir Informationsmaterial lesen und verstehen.
- Wir bearbeiten sie oder benutzen sie als Grundlage für unser Handeln, indem wir unsere Planungen, Entscheidungen und Reaktionen auf sie stützen, sie mit weiteren Informationen kombinieren oder sie für andere zusammenfassen.
- Wir speichern sie oder werfen sie weg, indem wir sie in einer Computerdatei speichern, in einem Aktenschrank verwahren, in unserem Gedächtnis behalten oder sie dem Papierkorb übergeben.

Ein effektives Management der Informationsflut ist nur möglich, wenn wir uns mit all diesen Punkten sowie mit unserer Interaktion mit anderen und unserem Umgang mit der Technologie befassen. Zunächst möchte ich aber, dass Sie sich einen Augenblick Zeit nehmen, um herauszufinden, welche Art von Informationsproblemen Sie haben.

1.1 Negative Gewohnheiten abstellen

Eine zu große Informationsmenge ist mit einem Verkehrsstau vergleichbar: Wenn wir aufgrund von dichtem Verkehr nur im Schritttempo vorankommen, schimpfen wir auf die anderen Autofahrer, ohne uns klarzumachen, dass auch wir selbst ein Teil des Problems sind. Der erste Schritt zu einem effektiven Umgang mit Informationen besteht daher darin, dass wir uns überlegen, welche negativen Arbeitsgewohnheiten der Grund dafür sind, dass wir die Informationsflut nicht angemessen bewältigen können.

Viele negative Gewohnheiten beim Umgang mit Informationen beruhen darauf, dass wir Angst haben:

- Angst davor, dass man uns die Schuld an Kommunikationsstörungen geben wird
- Angst davor, wie ein Dummkopf dazustehen
- Angst davor, wichtige Informationen zu verpassen oder zu verlieren.

Diese Ängste führen dazu, dass wir unnötige Informationen weitergeben, uns an wertlose klammern und nach dem vollkommenen Umgang mit Information streben, also danach, immer zur rechten Zeit die genau richtige Information zur Verfügung zu haben. Dafür möchte ich Ihnen nun drei Beispiele geben.

Der Drang, alles zu kopieren

Möglichst alles zu kopieren ist gewissermaßen eine Versicherung am Arbeitsplatz. Wenn wir nicht sicher sind, was wir mit einem Dokument machen sollen oder wer ein Memo zu lesen bekommen sollte, besteht die einfachste Lösung darin, es ein paar Mal zu kopieren und allen zu schicken, denen die darin enthaltenen Informationen nützlich sein könnten. Dadurch schlagen wir gleich zwei Fliegen mit einer Klappe: Das Dokument ist vom Tisch, und wir haben uns von jeder Verantwortung für eventuelle Kommunikationsstörungen befreit. Dafür haben wir aber die Informationslast der anderen vergrößert und vielleicht gar nichts mitgeteilt. Wenn man versucht, sich dadurch zu schützen, dass man seinen Kollegen ständig Kopien von Dokumenten schickt, werden die Kollegen das gewöhnlich auch so machen.

Zu intensive Nachforschungen

Wenn sie einen Bericht erstellen oder eine Präsentation vorbereiten müssen, sammeln manche Leute viel mehr Informationen, als für diese Aufgabe nötig wären. Das Ergebnis ist, dass sie in einem Wust von Daten ersticken und den Wald vor lauter Bäumen nicht sehen – und darunter leidet dann der Bericht oder die Präsentation. Manchmal zwingen sie sich auch dazu, eigentlich unwichtige Dokumente durchzuackern, weil sie ja irgendwo eine entscheidende Information enthalten könnten; dafür legen sie andere Dokumente beiseite, bis sie „ein bisschen mehr Zeit haben“ (was natürlich nie der Fall sein wird).

Verzögerungstaktiken

Zu den Dingen in unserem Arbeitsleben, die besonders starke Stressauslöser sind, gehört ein voller Postkorb – egal, ob es sich dabei um die traditionelle Form handelt oder um die elektronische. Die meisten Leute erledigen dann zuerst die leichten Aufgaben und verschieben diejenigen, die arbeitsintensiver sind oder mehr Nachdenken und Energie erfordern, auf später. Wer beruflich sehr beschäftigt ist, wird natürlich gar nicht umhinkönnen, manches aufzuschieben, doch wenn wir uns das zur

Gewohnheit machen, bereiten wir uns unnötigen Stress und vermindern unsere Effektivität. Wir flüchten uns in Ausreden wie:

- „Ich habe noch nicht alle Informationen, die ich für diese Aufgabe brauche."
- „Im Augenblick habe ich nicht genug Zeit, um diese Sache ordentlich zu erledigen."
- „Es gibt noch andere Termine, die dringender sind."
- „Wenn ich das erst mal liegen lasse, wird es sich wahrscheinlich von selbst erledigen."

Dringende und wichtige Aufgaben

Also befassen wir uns mit den leichteren und den dringenden Aufgaben – und manche der wichtigsten bleiben unerledigt. Wenn man eine bestimmte Aufgabe nicht anpackt, ist der Stress aber oft größer, als wenn man sie durchgeführt hätte. Wir verschwenden dann nämlich Zeit und Energie damit, uns wegen der Dinge, die wir nicht erledigt haben, Sorgen zu machen, während sie mit etwas mehr Entschlossenheit schon im Ausgangskorb gelandet sein könnten. Zudem bewirkt das oft, dass sich immer mehr Unterlagen auf unserem Schreibtisch anhäufen und leicht zu Papierbergen anwachsen können. Diese Papierstapel abzubauen, fällt uns im Allgemeinen aber schwer (vgl. Seite 39).

Manches einfach aufzuschieben ist nicht das einzige Problem. Mindestens genauso verbreitet ist die Neigung, die wichtigste Aufgabe hinauszuzögern, indem man sich mit unwichtigeren beschäftigt. Mit ein bisschen Selbstdisziplin kann man sie aber leicht überwinden.

Was man dagegen tun kann

- Gestehen Sie sich ein, dass Sie dazu neigen, wichtige Aufgaben aufzuschieben. Die Erkenntnis, dass das Problem existiert, ist schon der erste Schritt zu seiner Lösung.
- Geben Sie den schwierigen Aufgaben auf Ihrer Liste Priorität vor den Routineaufgaben.
- Sehen Sie in Ihrem Terminplaner Zeiten für Aufgaben vor, die Sie nicht gern machen.
- Zwingen Sie sich dazu, erst nach einer bestimmten Zeit eine Pause einzulegen.
- Achten Sie darauf, wie oft Aufgaben sich als gar nicht so furchtbar erweisen, wie Sie erwartet hatten. Benutzen Sie dieses Wissen dann, um Ihre Ängste in Zukunft zu überwinden.
- Gönnen Sie sich eine Belohnung, wenn Sie eine schwierige Aufgabe erledigt haben.
- Untergliedern Sie große Aufgaben in kleinere Teile – dann wird es Ihnen nämlich leichter fallen, mit einem Projekt anzufangen.
- Wenn Sie ein Projekt untergliedert haben, sollten Sie mit demjenigen Schritt anfangen, der Ihnen am besten geeignet scheint.
- Setzen Sie sich für Ihre Aufgaben selbst Fristen, falls Ihnen von außen keine auferlegt werden.

Gehen Sie mit den Informationen bewusst um. Vermeiden Sie eingefahrene schlechte Angewohnheiten wie überflüssiges Kopieren und Verzögerungstaktiken.

1.2 Positive Gewohnheiten verstärken

Um besser mit der Informationsflut umgehen zu können, sollten Sie sinnvolle Arbeitstechniken einsetzen, die für Sie Zeitersparnis und damit weniger Stress bedeuten.

Was ist wichtig?
Bei manchen Informationen sieht man auf den ersten Blick, ob sie nutzlos oder wertvoll sind. Es ist aber nicht immer so leicht, mit Sicherheit zu sagen, was wichtig und was unwichtig ist. Das wird Ihnen besser gelingen, wenn Sie sich klarmachen, welche Ziele und Aufgaben bei Ihrer Arbeit entscheidend sind, und das als eine Art mentaler Checkliste für alle Informationen, die Sie erhalten, benutzen.

Natürlich gibt es keine Garantie dafür, dass Sie sich dabei nie irren werden, aber Sie können zumindest die Neigung bekämpfen, Ihrer Unsicherheit durch die Strategie „Behandle im Zweifelsfall alle Informationen als wichtig!“ zu begegnen. Denken Sie daran, dass es die perfekte Information – immer zur rechten Zeit die genau richtige Information zur Verfügung zu haben – gar nicht geben kann. Natürlich können Sie Ihre Arbeit nur dann effektiv erledigen, wenn Sie gut informiert sind, doch mehr Informationen führen nicht automatisch zu besseren Leistungen. Ab einem bestimmten Punkt nimmt der Wert weiterer Informationen ständig ab, und Informationen haben überhaupt keinen Wert mehr, wenn ihre Menge so groß ist, dass man sie nicht richtig deuten und verstehen kann. Sie sollten sich daher klarmachen, dass es unmöglich ist, alles aufzunehmen, und sich auf das Wichtige konzentrieren und akzeptieren, dass Ihr Urteil nicht perfekt sein kann.

Außerdem sollten Sie zwischen wichtigen und dringenden Angelegenheiten unterscheiden. Dinge, die rasch bearbeitet werden müssen, können eine größere Bedeutung annehmen, als ihnen tatsächlich zukommt. Unwichtige Sachen, um die man sich tagelang nicht gekümmert hat, werden aber nicht wichtiger, wenn die Frist zu Ende geht. Sie werden dann lediglich dringender.

Um besser mit der Informationsflut umgehen zu können, müssen Sie zwischen wichtiger und unwichtiger Information unterscheiden. Schieben Sie diese Unterscheidung nicht vor sich her.

1.3 Systematischer Umgang mit Informationen

Manche Zeitmanagementprogramme verbreiten den Mythos, dass man sich mit jedem Stück Papier nur einmal befassen sollte. So funktioniert es in der Praxis aber nicht. Aus ganz verschiedenen Gründen kann es erforderlich sein, Dokumente erneut zur Hand zu nehmen. So kann es wirklich nötig sein, einen bestimmten Punkt zu überdenken oder sich weitere Informationen zu besorgen, bevor eine vernünftige Entscheidung möglich wird. Manchmal ist es auch effizienter, Dokumente zusammen mit anderen zu bearbeiten, bei denen es um die gleiche Angelegenheit geht.

Nicht immer sofort reagieren

Und was ist mit Mitteilungen, die Sie wütend machen? Eine sofort abgefeuerte Antwort wird Ihnen vielleicht persönliche Befriedigung verschaffen, doch es könnte effektiver sein, einige Tage lang abzuwarten und dann mit kühler Logik zu reagieren. Auch wenn man ein kompliziertes Schriftstück entwerfen muss, kann es erforderlich sein, sich mit manchen Unterlagen mehrmals zu beschäftigen.

An Dokumente sinnvoll herangehen

Falls es tatsächlich möglich ist, sich ein bestimmtes Dokument nur einmal vorzunehmen, sollte das natürlich Ihr Ziel sein, doch man darf es sich nicht zur unumstößlichen Vorgabe machen. Achten Sie einfach darauf, dass nichts auf den Stapel zurückwandert, sondern dass Sie mit jedem Dokument gleich bei der ersten Berührung etwas Positives machen, indem Sie

- es wegwerfen
- sich mit ihm befassen
- sich für eine Handlung entscheiden
- es weiterleiten oder verteilen oder
- es zu den Akten nehmen.

Wegwerfen von Dokumenten

Wenn Sie Ihre Zeit und Energie damit verschwenden, Material zu lesen, das so gut wie keinen positiven Einfluss auf Ihre Arbeit hat, wird sich schnell ein wahrer Berg von Informationen anhäufen. Daher sollten Sie sich als Erstes fragen, ob Sie das Material überhaupt brauchen können. Falls es keinen Nutzen für Sie hat, dürfte Ihnen das schnell klar werden, doch wie viele wagen Sie es wahrscheinlich nicht, solche Sachen in den Papierkorb zu werfen, ohne sie durchgesehen zu haben. Also legen Sie sie beiseite, und dann bilden sie einen ständig wachsenden Berg und setzen allmählich Staub an. Hin und wieder nehmen Sie sie in dem halbherzigen Versuch, sie endlich einmal aufzuarbeiten, wieder vor.

Denken Sie daran, dass die meisten Informationen ein kurzes Verfallsdatum haben! Eine nützliche Faustregel ist: Wenn Ihnen etwas heute nicht wertvoll erscheint, dürfte sich das auch morgen nicht ändern.

Sich mit Dokumenten befassen
Wenn Sie sich sofort mit Dokumenten befassen, bringt Ihnen das Befriedigung und mindert den Stress. Außerdem brauchen Sie dann später keine Zeit dafür aufzuwenden, sich erneut über ihren Inhalt zu informieren. Falls es wirklich nicht möglich ist, sich sofort mit einem Dokument zu befassen, sollten Sie zumindest festlegen, was Sie mit ihm machen und zu welchem Zeitpunkt Sie das tun wollen.

Sich für eine Handlungsweise entscheiden
Legen Sie nie ein Dokument auf den Stapel zurück! Sie brauchen ein System, um die Dokumente zu finden, die Sie für Ihre Entscheidungen benötigen. Notieren Sie die entsprechenden Vorgehensweisen oder die verschiedenen Möglichkeiten auf dem Dokument selbst oder auf Post-its. Ein Vorordner ermöglicht es Ihnen, stets alles zur Hand zu haben. Stecken Sie die Dokumente jeweils in das Fach, das mit dem Datum gekennzeichnet ist, an dem Sie sie sich wieder vornehmen wollen. Für Unter-

lagen, die Sie im Rahmen einer größeren Aufgabe zusammen mit anderen bearbeiten müssen, sollten Sie Projektordner oder -mappen anlegen.

Informationen für einen späteren Zeitpunkt
Bei Dokumenten, die für den zukünftigen Gebrauch bestimmt sind, sollten Sie sehr diszipliniert vorgehen: Ordnen Sie keine Dokumente in diese Kategorie ein, wenn Sie nicht wissen, was Sie sonst mit ihnen machen sollen. Bearbeiten Sie alle Dokumente spätestens an dem Tag, den Sie ursprünglich dafür festgelegt hatten.
Haben Sie einen Korb oder Ordner für Dokumente, die Sie noch lesen wollen? Dann dürfen Sie ihn nicht zu einem Müllhaufen verkommen lassen.

Das Dokument weiterleiten oder verteilen
Schicken Sie keine Dokumente an andere weiter, nur um sie von Ihrem eigenen Schreibtisch zu bekommen! Dadurch belasten Sie das interne Kommunikationssystem und sorgen vielleicht nur dafür, dass die Papierkörbe der anderen schneller voll werden als Ihr eigener. Denken Sie darüber nach, warum Sie das Dokument weiterleiten wollen und was der Empfänger Ihrer Meinung nach damit machen soll. Ein kurzer Vermerk wird es ihm ermöglichen, seinen Inhalt leichter zu erfassen und schneller zu handeln.

Das Dokument zu den Akten nehmen
Sie sollten nie Dokumente ablegen, weil Sie nicht wissen, was Sie sonst mit ihnen machen sollen. Überlegen Sie sich gut, was Sie aufbewahren wollen! In Kapitel 3 (vgl. S. 36) erfahren Sie wichtige Grundregeln für die Ablage.

Sie können die Informationsflut nur unter Kontrolle bekommen, wenn Sie

- *schlechte Gewohnheiten abstellen. Sie sollten nicht alles kopieren und die üblichen Verzögerungstaktiken aufgeben.*
- *lernen, wichtige von unwichtigen Informationen zu trennen, und dabei akzeptieren, dass Sie nicht alles aufnehmen können. Streben Sie nicht nach Perfektion!*
- *sinnvoll an Dokumente herangehen, indem Sie sofort entscheiden, was Sie mit ihnen tun wollen.*

2. Schneller lesen, sich besser konzentrieren

Um Informationen überhaupt beurteilen zu können, müssen Sie sie durchlesen. Auch hier gibt es Wege, Ihre Fähigkeiten zu verbessern und Ihren Arbeitsalltag zu erleichtern.

2.1 Effizienter lesen

Schätzungen zufolge verbringen Menschen mit informationsintensiven Jobs ein Drittel ihres Arbeitstages mit Aktivitäten, bei denen sie lesen müssen. Trotzdem sind die meisten von uns keine sehr effizienten Leser. Die durchschnittliche Lesegeschwindigkeit liegt bei 200 bis 250 Wörtern pro Minute. Durch einige einfache Techniken und etwas Übung kann man sie leicht auf über 500 Wörter pro Minute steigern, ohne dass das Textverständnis beeinträchtigt würde.

Ein langsames Lesetempo bedeutet nicht unbedingt wenig Bildung oder Intelligenz. Viele fähige, gut gebildete Menschen lesen nur mit der Durchschnittsgeschwindigkeit oder sogar noch langsamer. Selbst wenn Sie bereits schnell lesen, sind wahrscheinlich noch Verbesserungen möglich. Dass man Material nur dann verstehen kann, wenn man es langsam liest (was oft behauptet wird), stimmt nicht – besseres Verständnis kann sogar Hand in Hand mit schnellerem Lesen gehen.

Warum wir langsam lesen

Wenn wir lesen, bewegen unsere Augen sich nicht kontinuierlich über die Seite, sondern springen über sie, indem sie immer mehrere Wörter auf einmal erfassen

(Blickspanne). Das Lesen findet in der stationären Phase (Fixierung) am Ende jedes Sprungs statt – und zwar durch das Gehirn, nicht durch die Augen. Wir können uns die Augen wie eine Kamera vorstellen, die eine Reihe von Standfotos macht; diese Fotos werden dann vom Gehirn interpretiert. Die Hauptgründe für ein langsames Lesetempo sind, dass

- bei jeder Fixierung nur eine geringe Zahl von Wörtern erfasst wird
- die Fixierung länger dauert als nötig
- man absichtlich oder unbewusst zu bereits gelesenem Material zurückkehrt.

Subvokales Sprechen

Es gibt noch einen weiteren Faktor, der für langsames Lesen verantwortlich ist: das subvokale Sprechen, die Neigung, die Worte beim Lesen mental zu hören. Es wird auf das Vorgehen beim Lesenlernen zurückgeführt – sich die Worte tatsächlich laut vorzusprechen. Das Problem besteht darin, dass man dann nicht viel schneller lesen als sprechen kann, und das übliche Sprechtempo liegt bei nur etwa 150 Wörtern pro Minute. Auch wenn sich das subvokale Sprechen nie ganz beseitigen lässt, kann man es doch weitgehend ausschalten.

Durch die richtigen Techniken und genug Übung kann sich jeder darin üben, schneller zu lesen. Zu diesem Thema gibt es viele Bücher und Kurse. Hier kann ich leider nur ein paar ausgewählte Techniken vorstellen. Wenn Sie genug Entschlossenheit aufbringen, können Sie eine erhebliche Verbesserung herbeiführen.

Einen „Schrittmacher" benutzen

Die meisten Schnellleseprogramme empfehlen zum Training eine Technik, die den Leser dazu zwingt, die Augen weiterzubewegen, und längere Pausen oder eine Rückkehr zu bereits Gelesenem verhindert. Als „Schrittmacher" kann man den Zeigefinger oder das stumpfe Ende eines Bleistifts benutzen. Man bewegt ihn unterhalb der Textzeile, die man gerade liest, schnell über die Seite, rückt am Zeilenende rasch zum Anfang der nächsten Zeile vor, und so weiter.

Schlagen Sie dabei ein Tempo an, das Ihnen etwas zu hoch vorkommt, und widerstehen Sie der Versuchung, zu bereits Gelesenem zurückzukehren. Zuerst werden Sie vielleicht das Gefühl haben, wenig oder gar nichts von dem Text aufgenommen zu haben, über den Ihre Augen geglitten sind. Mit genug Übung werden Sie aber merken, dass Sie nicht nur schneller lesen, sondern sogar mehr verstehen. Untersuchungen haben nämlich ergeben, dass schnelle Leser tatsächlich mehr verstehen, weil sie dem Hauptgedankengang des Texts folgen können, während langsame Leser sich in den Details verzetteln.

Erprobt in anderen Bereichen

Sie fühlen sich bei der Vorstellung, einen Text auf diese Weise aufzunehmen, unwohl? Das ist ganz natürlich, doch wir erfassen bei vielen Aspekten unseres täglichen Lebens mit einem Blick erhebliche Informationsblöcke. Wir verstehen Verkehrszeichen, Plakate und Schlagzeilen, ohne uns damit aufzuhalten, sie zu „lesen", und wir können die Zahl der Wörter, die wir bei jeder Fixierung aufnehmen, entscheidend vergrößern.

Die meisten Leute glauben, dass Schnellleser die Mitte der Seite hinunterlesen und den Text dabei zeilenweise aufnehmen. Das ist aber – außer bei in Spalten geschriebenem Text – sehr schwierig. Im Allgemeinen erfassen Schnellleser pro Fixierung sechs oder mehr Wörter, und ihre Augen folgen nicht einer imaginären Linie in der Mitte der Seite, sondern bleiben auf dem mittleren Drittel.

Die Methode perfektionieren

Wenn Ihr Lesetempo wächst, wird es Ihnen möglich sein, zu einer gleichmäßigen Zickzackbewegung des Bleistifts oder Zeigefingers überzugehen, ohne ihn von der Seite heben zu müssen. Sie dürfen das allerdings nicht so weit treiben, dass Sie sich nur noch auf den Schnellleseprozess konzentrieren und kaum noch etwas vom Inhalt des Texts aufnehmen. Sobald Sie ein akzeptables Lesetempo erreicht haben, können Sie auf den „Schrittmacher“ verzichten.

Mit Hilfe von speziellen Schnellleseprogrammen können Sie Ihr Lesetempo steigern. Als Hilfsmittel dient Ihnen dabei ein „Schrittmacher“, das kann Ihr Zeigefinger oder ein Bleistift sein.

2.2 Was schnelleres Lesen erleichtert

Natürlich wird es eine Weile dauern, bis Sie Ihr Lesetempo gesteigert haben. Vielleicht hilft es Ihnen auch, einen entsprechenden Kurs zu besuchen, wo man Ihnen die Schnelllesetechnik strukturiert beibringt. Es gibt aber auch noch ein paar andere Techniken, durch die man Lesetempo und -verständnis fast sofort verbessern kann.

Besseres Verständnis durch einen Überblick

Wir lesen viel schneller und effektiver, wenn wir die Informationen in einen bereits bekannten Rahmen einfügen können. Daher kann es sich lohnen, ein paar Augenblicke darauf zu verwenden, einen solchen Rahmen zu erstellen. Das im Folgenden beschriebene Vorgehen empfiehlt sich, wenn Sie einen umfangreichen Text wie ein Buch, eine Zeitschrift oder einen Bericht lesen wollen. Für kürzere Texte kann man es entsprechend abändern.

So gehen Sie vor

1. Überfliegen Sie das Inhaltsverzeichnis, die Einleitung/das Vorwort und die Zusammenfassung/das Schlusswort (falls vorhanden), bevor Sie mit dem Haupttext beginnen.
2. Blättern Sie den Text dann durch, um ein Gefühl für die Grundstruktur und den wesentlichen Gedankengang zu bekommen. Achten Sie dabei vor allem auf die Zusammenfassungen von Teilen oder Kapiteln (das sind in diesem Buch alle blau gedruckten Texte) – durch sie können Sie die wesentlichen Punkte schnell erfassen. Falls es solche Zusammenfassungen nicht gibt, sollten Sie jeweils den ersten und den letzten Absatz der einzelnen Kapitel lesen. Dort werden die vorgebrachten Argumente oft vorgestellt beziehungsweise zusammengefasst.
3. Wenn Sie dann anfangen, den Text richtig zu lesen, brauchen Sie nur noch die Lücken in dem erstellten

Rahmen auszufüllen. Sie wissen schon, auf welche Teile Sie sich konzentrieren sollten und welche Sie nur zu überfliegen brauchen oder ganz überspringen können.

Das Tempo variieren

Natürlich gibt es Texte ganz verschiedener Schwierigkeitsgrade, doch viele Leute behalten unabhängig davon, was sie lesen, das gleiche Tempo bei. Selbst innerhalb eines Texts wird es aber Abschnitte geben, die schwieriger aufzunehmen sind als andere. Achten Sie deshalb darauf, langsamer zu lesen, wenn der Text das erfordert, und das Tempo bei den leichteren Passagen zu steigern. Damit Sie aber auch ein hohes Lesetempo einhalten können, sorgen Sie dafür, dass die Beleuchtung gut ist und Sie möglichst wenig abgelenkt oder gestört werden.

Querlesetechniken entwickeln

Wenn Sie eine bestimmte Information suchen, sollten Sie zunächst im Stichwortverzeichnis nachschlagen. Wenn es keines gibt oder Sie damit nicht zurechtkommen, können Sie die Information auch durch gezieltes Überfliegen des Texts schnell finden. Konzentrieren Sie sich nur auf die gesuchte Information und folgen Sie mit den Augen Ihrem Finger, mit dem Sie schnell von oben nach unten über die Mitte der einzelnen Seiten fahren. So lesen Sie schneller als mit dem Schrittmacher, und die gesuchte Information wird Ihnen förmlich ins Auge springen, sobald Sie zu dem entsprechenden Teil des Texts gelangt sind. Auch hier gilt: Übung macht den Meister !

Um schneller lesen zu können, sollten Sie sich nicht von unwichtigen Details ablenken lassen. Eine bestimmte Information können Sie durch gezieltes Überfliegen des Textes herausfiltern.

2.3 Bessere Konzentration

Die Fähigkeit, sich zu konzentrieren, ist für den erfolgreichen Umgang mit der Informationsflut unerlässlich. Aber gerade dies ist bei vielen der schwache Punkt. Es gibt verschiedene Strategien, um die Konzentration aufrechtzuerhalten und zu verbessern, zum Beispiel:

- für diejenigen Aktivitäten, die viel Konzentration erfordern, feste Zeiten anzusetzen
- sich bewusst zu machen, dass die Konzentration im Laufe des Tages schwankt. Da unsere Körperrhythmen unterschiedlich sind, verlaufen auch die Konzentrationskurven unterschiedlich
- dafür zu sorgen, dass Ihre unmittelbare Umgebung der Konzentration förderlich ist. Es sollte möglichst wenig äußere Ablenkungen und Störungen geben
- häufig Pausen zu machen, um der Müdigkeit entgegenzuwirken. Achten Sie aber darauf, dass Sie sich in diesen Pausen nicht zu anderen Aktivitäten verlocken lassen, und seien Sie auch hier diszipliniert
- sich für jede Sitzung klare Ziele zu setzen.

Sie können sich besser konzentrieren, wenn Sie sich feste Zeiten für die Bearbeitung vornehmen. Beachten Sie die individuellen Tagesrhythmen und machen Sie häufig Pausen, um der Müdigkeit entgegenzuwirken.

2.4 Das Gedächtnis trainieren

Der Wert von Informationen nimmt sehr schnell ab, wenn wir uns nicht an sie erinnern können. Die Angst vor dem Vergessen führt zu einer Reihe von negativen Gewohnheiten: Wir klammern uns an Dokumente von geringer Bedeutung, lesen langsam und kehren immer wieder zu dem bereits gelesenen Text zurück. Um effektiv mit Informationen umgehen zu können, müssen wir unserem Gedächtnis vertrauen können. Je mehr wir es benutzen, desto zuverlässiger wird es. Es gibt einige einfache Techniken, durch die man das Gedächtnis trainieren kann:

- *Sie werden sich nicht immer gleich viel merken müssen.* Bei manchen Informationen reicht es sicher, sich einfach nur daran zu erinnern, dass sie vorhanden und wo sie zu finden sind. Bei anderen werden Sie das Thema und die Hauptpunkte behalten müssen, und zuweilen werden Sie auch die Einzelheiten oder sogar den genauen Wortlaut erinnern müssen. Unterstützen Sie Ihr Gedächtnis durch selektives Lesen, und machen Sie sich immer klar, wie genau Sie sich erinnern müssen.
- *Lesen Sie mit der Frage im Hinterkopf:* Was will ich aus diesem Text mitnehmen? Wie passt er in das, was ich schon weiß? Lernen und Sich-Erinnern ist immer ein Assoziationsprozess.
- *Versuchen Sie, die Grundstruktur des Texts zu erfassen:* Wir können uns viel besser erinnern, wenn wir die Grundstruktur und die Hauptgedanken erkennen, in die die Details eingefügt sind.

- *Gehen Sie gezielt mit den Informationen um:* Fassen Sie sie mit Ihren eigenen Worten zusammen, machen Sie sich beim Lesen auf dem Rand Notizen, teilen Sie sie anderen mit oder machen Sie sie zur Grundlage für Ihr Handeln.
- *Verknüpfen Sie die Informationen mit äußeren Reizen:* Stellen Sie bewusst Assoziationen her, um Ihrem Gedächtnis Einzelheiten entlocken zu können. Forscher haben herausgefunden, dass die Assoziationen umso besser funktionieren, je ausgefallener sie sind. Lustige Merkwörter oder -sprüche und witzige visuelle Assoziationen sind besonders wirkungsvoll.
- *Gehen Sie wichtige Informationen bis zu viermal durch,* um sie in Ihrem Langzeitgedächtnis zu verankern. Die optimalen Zeitpunkte dafür sind: 10 Minuten, nachdem Sie die Information aufgenommen haben; am nächsten Tag; nach einer Woche; nach einem Monat.

Sie können Informationen besser verarbeiten, indem Sie

- ***Ihr Lesetempo mit Hilfe von „Schrittmachern" steigern,***
- ***Querlesetechniken entwickeln, damit Sie einen Text nach einer bestimmten Information durchforsten können,***
- ***Ihre Konzentrationsfähigkeit verbessern und***
- ***durch ein gezieltes Training die Fähigkeiten Ihres Gedächtnisses steigern.***

3. Den Papierberg bewältigen

Um der Informationsflut Herr zu werden, reicht es nicht aus, die Informationen so effektiv wie möglich aufzunehmen. Sie müssen Schritte ergreifen, um den täglichen Papierstapel auf Ihrem Schreibtisch zu reduzieren.

3.1 Den Zustrom eindämmen

Jeder Tag bringt Ihnen wieder Neues an Briefen, Memos, Rundschreiben, Protokollen und weiteres Informationsmaterial, auch per Fax oder E-Mail. Selbst wenn Sie sich das meiste nur flüchtig ansehen, bedeutet das eine große Verschwendung von Zeit und Mühe!

- Wer bei Messen und Tagungen zu freigebig mit seiner Visitenkarte ist, darf sich nicht wundern, wenn er mit nutzloser Post überschüttet wird.
- Lassen Sie Ihren Namen von Mailinglisten streichen, durch die Sie keine wertvollen Informationen bekommen.
- Denken Sie über die interne Kommunikation nach. Die Verteilerlisten in Firmen sind oft viel zu umfangreich. Bitten Sie darum, für Dokumente, die Sie überhaupt nicht betreffen, von dieser Liste gestrichen zu werden, falls das ohne Schwierigkeiten möglich ist.
- Überlegen Sie, ob Ihre Abonnements sinnvoll sind. Zeitschriften, in denen Sie in den letzten sechs Monaten keine nützlichen Informationen gefunden haben, sollten Sie abbestellen.
- Falls Sie eine Sekretärin haben, sollten Sie ihr die Aufgabe übertragen, alles Material durchzusehen,

bevor Sie es bekommen. Das sollte allerdings nicht als Alternative zu den anderen Punkten auf dieser Liste verstanden werden - auch Ihre Mitarbeiterin sollte nicht mit Informationen überschüttet werden!

- Sorgen Sie dafür, dass Ihnen Dokumente, die routinemäßig von Ihren Mitarbeitern bearbeitet werden, nur dann vorgelegt werden, wenn es dafür einen stichhaltigen Grund gibt.

Um den Zustrom an Informationen einzudämmen, sollten Sie auch in Ihrem Betrieb nach Lösungsmöglichkeiten suchen. Sie können sich von Verteilerlisten streichen und von Ihren Mitarbeitern eine Vorauswahl treffen lassen.

3.2 Den Schreibtisch aufräumen

Früher habe ich immer behauptet, dass ich an einem unordentlichen, von Dokumenten übersäten Schreibtisch gut arbeiten könne. Trotz der zahlreichen Papierstapel, die sich meist auf ihm türmten und mir kaum noch Platz ließen, könne ich alles, was ich brauche, jederzeit mit Leichtigkeit finden; es sei meinen Gedankengängen sogar förderlich, meine Aufmerksamkeit ständig von einer Aufgabe auf die andere zu richten. Natürlich stimmte das nicht!

Ziel: ein leerer Schreibtisch

Überflüssige Papiere lenken genauso von der Angelegenheit ab, mit der man sich gerade befasst, wie Störungen und Anrufe. Wenn der Schreibtisch übervoll ist, lässt man sich leicht dazu verleiten, hier anzufangen und dort weiterzumachen, statt die nötige Konzentration und Mühe aufzubringen, um Aufgaben abzuschließen. Die Suche nach den Unterlagen, die man gerade braucht, kann viel Zeit kosten und zu weiteren Ablenkungen führen. Selbst wenn man diszipliniert arbeitet, ist das Vorhandensein von Papierstapeln ein sichtbares Zeichen dafür, dass noch Dutzende von Aufgaben auf ihre Erledigung warten, das bedeutet einen starken Stressfaktor.

- Sortieren und bearbeiten Sie Ihren Papierkram schnell anhand der Liste in Kapitel 1 (wegwerfen, sich damit befassen, sich für eine Handlung entscheiden, weiterleiten oder verteilen, zu den Akten nehmen, vgl. Seite 18).
- Benutzen Sie Ihren Schreibtisch nicht als Ablage – verwenden Sie Projektordner oder Mappen für die Dinge, an denen Sie gerade arbeiten.
- Bewahren Sie Unterlagen, die Sie immer wieder benutzen, so auf, dass Sie sie gleich zur Hand haben.
- Bauen Sie die Papierberge auf Ihrem Schreibtisch nicht einfach dadurch ab, dass Sie in anderen Teilen des Büros neue Stapel errichten.

Wenn Sie Ihren Schreibtisch aufräumen wollen, müssen Sie vorher vielleicht eine psychische Hürde nehmen. Ein überladener Schreibtisch wird nämlich im Allgemeinen als Zeichen dafür betrachtet, dass sein Besitzer sehr beschäftigt ist, und so wollen wir ja alle gern gesehen werden. Denken Sie daran, dass man sehr beschäftigt und trotzdem inkompetent und unproduktiv sein kann! Lassen Sie statt Ihres Schreibtischs lieber die Ergebnisse Ihrer Aktivitäten für Sie sprechen.

Ein aufgeräumter Schreibtisch erleichtert Ihnen die Arbeit wesentlich. Ein überladener Schreibtisch ist nur ein weiterer Stressfaktor für Sie, aber kein Anzeichen von hoher Produktivität.

3.3 Informationen richtig ablegen

Schätzungen zufolge werden 75 bis 85 Prozent des in Aktenschränken abgelegten Materials nie wieder hervorgeholt, ein schlechtes Ergebnis für einen Arbeitsgang, der für den Umgang mit Informationen sehr wichtig ist. Daher sollten Sie über effektivere Ablagestrategien nachdenken.

Nur das Richtige ablegen
Beim Ablegen geht es nicht darum, Dokumente vom Schreibtisch zu bekommen, die man nicht wegzuwerfen wagt, mit denen man aber auch sonst nichts anzufangen weiß. Im Aktenschrank sollten nur Dokumente landen, die so gut zugänglich sind und die man wahrscheinlich in Zukunft wieder brauchen wird.

Zu einem effektiven Ablagesystem gehört
- Klarheit darüber, was wichtig ist
- konsequentes Vorgehen im Hinblick darauf, was man aufbewahren will und wo das geschehen soll
- eine Strukturierung des Materials mit Erweiterungsmöglichkeiten.

Wenn Sie die Ablage delegieren

Falls jemand anderes die Ablage für Sie erledigt, ist es verführerisch, die ganze mühsame Sache dieser Person zu überlassen. Doch es sind ja immer noch Ihre Informationen, und es lohnt sich, die Struktur des Ablagesystems zu kennen, so dass Sie Dokumente, die Sie zur Ablage vorsehen, nicht in ein „schwarzes Loch" schicken. Sie können sich besser an die Dokumente erinnern, wenn Sie folgende Ablagetipps beherzigen:

- Legen Sie die Dokumente entsprechend dem Zusammenhang ab, in dem sie wahrscheinlich gesucht werden.
- Erstellen Sie eine Liste Ihrer Akten und bewahren Sie sie so auf, dass Sie sie jederzeit zur Hand haben; dadurch können Sie es vermeiden, neue Akten anzulegen, die sich mit bereits existierenden überschneiden.
- Legen Sie Informationen, die Sie bereits in Ihrem Computer gespeichert haben, nicht auch noch in Papierform ab. Achten Sie auf eine vernünftige Struktur Ihrer Dateiverzeichnisse und ein zuverlässiges Sicherungssystem. Das geht schneller, spart Platz, und Sie können die Dateien dann leichter finden und ändern.
- Legen Sie kein Material ab, das über andere Quellen (den Verfasser, zentrale Archive oder das Internet) leicht zugänglich ist.

In Firmen gibt es heute zunehmend gemeinsam genutzte Ablagesysteme, oft in elektronischer Form (vgl. auch Seite 70). Sie bieten viel bessere Suchmöglichkeiten als manuelle, so dass kaum noch die Gefahr besteht, dass Dokumente nicht aufzufinden sind. Doch gerade dieser leichte Zugang kann dazu führen, dass überflüssige Informationen gespeichert werden.

„Ausmisten" und Neuorganisation der Papierablage
Falls Sie damit beschäftigt sind, sich gegen eine große Informationsflut zu behaupten, könnten das Ausmisten und die Neuorganisation Ihrer Akten auf Ihrer Prioritätenliste ziemlich weit unten stehen. Wenn man sich aber nicht regelmäßig mit den Akten befasst, kann man schnell den Überblick über sie verlieren, und dann verschlimmern sie die Informationsflut noch. Wie lange man etwas aufbewahren sollte, hängt vom Inhalt ab. Während es für manchen Dokumente Aufbewahrungsfristen gibt, können andere schon nach wenigen Wochen überflüssig sein. Zu entscheiden, was weggeworfen werden kann und was archiviert werden muss, ist für viele eine Furcht einflößende Aufgabe.

Schritt für Schritt vorgehen
Versuchen Sie, möglichst oft einen kleinen Teil Ihrer Akten unter diesem Gesichtspunkt durchzusehen. Wer sich vornimmt, alle Akten auf einmal zu überprüfen, wird diese Aufgabe gern auf den Sankt-Nimmerleins-Tag verschieben. Es ist jedoch keine große Belastung, wenn Sie am Ende jedes Tages fünf bis zehn Minuten damit verbringen, ein paar Akten zu sortieren. Werfen Sie alles weg, was Sie nicht mehr brauchen, und hüten Sie sich davor, sich zu verzetteln. Falls Sie auf Dokumente stoßen, die an der falschen Stelle abgelegt worden sind, oder der Ansicht sind, dass mehrere Akten zu einer zusammengefasst werden können, sollten Sie einfach

alles dort einordnen, wo es hingehört, und der Versuchung widerstehen, sich die Akte auch gleich noch vorzunehmen.

Die richtige Ablage von Dokumenten ist ein wichtiges Element bei der Bewältigung der Informationsflut. Wichtig ist dabei ihre Strukturierung und die sorgfältige Prüfung, was aufgehoben werden muss. Wenn Sie sich regelmäßig einen kleinen Teil der Akten vornehmen, wird die Arbeitsbelastung nicht zu hoch.

3.4 Papierstapel abbauen

Nun zu den Papierstapeln, die auf Ihrem Schreibtisch und an anderen Stellen in Ihrem Büro emporgewachsen sind. Schreckt Sie die Vorstellung, sich mit ihnen zu befassen und sie abzubauen? Wenn Sie genug Zeit für diese Aufgabe vorsehen und dabei diszipliniert vorgehen, können Sie diese Hürde gut bewältigen.

Neben Dokumenten, mit denen Sie sich selbst befassen oder die Sie weiterleiten sollten, dürften Ihre Papierstapel auch Berichte, Zeitschriften und Ähnliches enthalten, die Sie beiseite gelegt haben, um sie später zu lesen. Außerdem werden sich darin Dokumente befinden, die in die Ablage gehören, und andere, die Sie dort erst einmal „zwischengelagert" haben.

Setzen Sie es sich zum Ziel, die Papierstapel durchzuarbeiten. Lassen Sie sich nicht von ihrer Höhe abschrecken! Nehmen Sie sich vor, sie durchzugehen und sich schnell und entschlossen mit ihrem Inhalt zu befassen.

Sortieren von Dokumenten

Beschriften Sie vier leere Ordner, Aktendeckel oder -körbe: Bearbeiten, Verteilen, Lesen, Ablegen. Gehen Sie von der Voraussetzung aus, dass die meisten Dokumente in den Papierkorb gehören. Der Wert, den sie hatten, als sie auf den Stapel wanderten, dürfte inzwischen stark abgenommen haben. Fallen Sie nicht in Ihre frühere Unentschlossenheit zurück; sind Sie bei einem Dokument im Zweifel, sollten Sie es wegwerfen.

- Verschwenden Sie keine Zeit damit, Dokumente zu lesen. Überfliegen Sie sie nur kurz, und entscheiden Sie, ob Sie sie brauchen. Benötigen Sie das Dokument noch, dann legen Sie in den entsprechenden Korb oder heften es ab.
- Sie können auf den Dokumenten vermerken, was Sie mit ihnen machen wollen, dürfen aber Ihr Hauptziel – die Stapel möglichst schnell ganz abzubauen – nicht aus den Augen verlieren.
- Nachdem Sie sich auf diese Weise durch alle Stapel hindurchgearbeitet haben, sollten Sie sich den vier Körben oder Ordnern zuwenden. Legen Sie fest, wann Sie die einzelnen Dokumente bearbeiten beziehungsweise lesen oder ablegen wollen.

Wenn Sie so vorgehen, können Sie Ihre Papierstapel in kurzer Zeit abbauen und damit einen großen Stressfaktor beseitigen.

Um den Papierberg zu bezwingen, müssen Sie den Zustrom von Informationen einschränken, indem Sie

- *betriebsintern prüfen, welche Informationen Sie nicht wirklich benötigen. Haben Sie dazu die Möglichkeit, können Mitarbeiter für Sie eine Vorauswahl treffen. Lassen Sie sich von Verteilerlisten streichen.*
- *Ihren Schreibtisch von Papierstapeln befreien und*
- *Ihr Ablagesystem so gestalten, dass nur wichtige Dokumente aufbewahrt werden, diese aber dann leicht zugänglich sind. Wenn Sie sich diese Arbeit regelmäßig und in kleinen Dosen vornehmen, werden die Papierstapel auf Ihrem Schreibtisch nicht mehr so anwachsen und damit viel von ihrem Schrecken verlieren.*

4. Mit anderen zusammenarbeiten

Natürlich haben auch Ihre Kollegen, Kunden und Lieferanten großen Einfluss auf die Informationsflut, die auf Sie einstürmt. Um sie dazu zu bringen, Sie nicht mehr mit so vielen Informationen einzudecken, brauchen Sie Selbstsicherheit, Diplomatie und Vertrauen.

4.1 Ablenkungen und Störungen ausschalten

Ablenkungen und Störungen können Ihre Fähigkeit zum effektiven Umgang mit Informationen stark beeinträchtigen. Sie führen nicht nur zu Zeitverlust, sondern es kostet Sie auch viel Kraft, sich anschließend wieder auf Ihre ursprüngliche Aufgabe zu konzentrieren. Ganz lassen sich Störungen nicht beseitigen. Sie können aber einiges tun, um sie zu reduzieren.

Nicht jedem Impuls folgen
Manche Störungen haben geschäftliche Gründe, andere jedoch eher soziale, sie erfolgen oft durch Leute, die ihrerseits Aufgaben hinausschieben wollen, mit denen sie sich eigentlich befassen müssten. Manchmal dürften Sie auch selbst die „Störquelle“ sein. Es ist sehr leicht, sich einzureden, dass man einen Anruf erledigen muss oder einen Kaffee braucht und schon in ein paar Minuten zu der Sache, mit der man gerade beschäftigt ist, zurückkehren wird. Wenn das Arbeitsmuster dann einmal unterbrochen ist, findet man andere dringende Aufgaben, und so verrinnt schließlich eine ganze Stunde oder noch mehr Zeit. Danach ist es aber viel schwieriger, den Gedankengang wieder aufzunehmen.

Um mit Störungen und Ablenkungen fertig zu werden, muss man sich selbst und anderen gegenüber fest bleiben:

- Falls Sie zu den Glücklichen gehören, die eine Sekretärin oder Assistentin haben, sollten Sie sie beauftragen, Anrufe entgegenzunehmen und sich um Besucher zu kümmern.
- Andernfalls können Sie versuchen, eine Vereinbarung mit einem Ihrer Kollegen zu schließen: Sie leiten Ihre Anrufe zu ihm um, wenn Sie ohne Unterbrechungen an einer Aufgabe arbeiten wollen, und zu anderen Zeiten nehmen Sie seine Anrufe entgegen.
- Sollte das nicht möglich sein, können Sie das Tonsignal Ihres Telefons abstellen und eintreffende Nachrichten auf einen Anrufbeantworter oder eine Mailbox leiten. In dringenden Fällen sollten Sie allerdings unter einer anderen Nummer erreichbar sein.
- Sehen Sie jeden Tag eine bestimmte Zeit vor, in der Sie für Besprechungen, Anrufe und andere Unterbrechungen nicht zur Verfügung stehen. Wenn Sie sich konsequent daran halten, werden die anderen sich daran gewöhnen und es respektieren.
- Widerstehen Sie der Versuchung, Ihre Arbeit selbst zu unterbrechen. Unterbrechungen sind reine Zeitverschwendung.
- Tragen Sie dazu bei, ein Betriebsklima zu erzeugen, das effektivem Arbeiten förderlich ist, indem Sie Ihre Kollegen genauso behandeln, wie Sie selbst behandelt werden möchten. Falls Sie die anderen ständig stören, können Sie nicht erwarten, dass sie sich Ihnen gegenüber anders verhalten.

- Legen Sie nur zu vorher festgesetzten Zeiten Pausen ein.
- Falls sich eine Unterbrechung einmal nicht vermeiden lässt, sollten Sie versuchen, sie von vornherein zu begrenzen; sagen Sie demjenigen, der Sie unbedingt sprechen will, dass Sie jetzt nur wenig Zeit haben. Wenn möglich, bieten Sie ihm ein Gespräch zu einen späteren Termin an.
- Fordern Sie Leute, die Sie unterbrechen, nicht auf, Platz zu nehmen – auch auf die Gefahr hin, dass man Sie als unhöflich betrachten könnte.
- Schließen Sie die Tür, falls es eine gibt.

Sie sollten Ablenkungen und Störungen vermeiden, um sich voll auf Ihre Aufgabe konzentrieren zu können. Versuchen Sie ein entsprechendes Arbeitsklima in Ihrem Büro zu schaffen.

4.2 Keine unnötigen Informationen anfordern oder verschicken

„Ich werde mich darum kümmern!" - „Schicken Sie mir dazu doch etwas Schriftliches!" Das sind zwei Antworten, die uns besonders leicht über die Zunge gehen, wenn ein Kollege mit einem Vorschlag oder Problem zu uns kommt und wir zu beschäftigt oder abgelenkt sind, um ihm zuzuhören. Dadurch werden wir den Kollegen los, ohne eine Entscheidung treffen zu müssen, haben uns aber zusätzliche Arbeit aufgeladen. Wenn wir einem Kollegen versprechen, uns um eine Sache zu kümmern, müssen wir nicht nur Zeit dafür aufbringen, uns später mit ihr zu befassen, sondern haben auch die Verantwortung für das weitere Vorgehen übernommen, selbst wenn es normalerweise nicht in unseren Verantwortungsbereich fallen würde.

Schriftliches ist nicht immer sinnvoll

Um etwas Schriftliches zu bitten kann angebracht sein, wenn der Vorgang es erfordert oder Gedanken auf Papier festgehalten werden müssen, damit man sie anderen präsentieren kann. Wenn es sich dabei aber um eine reine Verzögerungstaktik handelt, führt das zu unnötiger Arbeit für den Kollegen, danach zu einer ebenso unnötigen Zunahme der eigenen Informationslast und oft auch zu weiterem Schriftverkehr über andere Angelegenheiten.

Nicht jeder betriebsinterne Vorgang bedarf der Schriftform, oft sind nur Verzögerungstaktiken im Spiel. Fordern Sie andere nicht noch dazu auf, Sie mit Informationen zu überschütten.

4.3 Informationen zugänglich machen

Senden Sie Ihren Kunden und Kollegen die Informationen, die sie Ihrer Ansicht nach benötigen? Oder aber speichern Sie diese Informationen so ab, dass sie für diese verfügbar sind? Das zuletzt genannte Verfahren ist natürlich vorzuziehen, wenn Sie die Informationsflut eindämmen wollen. Außerdem entfällt dann das Problem, dass die Informationen an mehreren Stellen gespeichert sind.

Anforderungen an zentrale Informationen
Zentral gespeicherte oder archivierte Informationen müssen zugänglich und zuverlässig sein – und andere müssen natürlich wissen, dass sie existieren. Die beste Lösung sind daher Computernetzwerke. Auch in kleinen Firmen kann man ein elektronisches „schwarzes Brett" und eine Datenbank mit gemeinsam genutzten Dokumenten einrichten. Wenn es kein elektronisches System gibt, kann auch die zentrale Archivierung von Informationen gut funktionieren, doch dann muss jemand die Verantwortung dafür übernehmen.
Falls Ihre Firma keine zentrale Archivierung von Daten organisiert hat, sollten Sie mit Ihren Kollegen vereinbaren, dass jeder von Ihnen bestimmte Informationen abspeichert und sie regelmäßig auf den neuesten Stand bringt.

Es ist für Kunden und Kollegen am besten, Informationen abrufbereit zu halten. Dabei sind Computernetzwerke von großem Nutzen.

4.4 Zu Veränderungen anregen

Die Zeit, die Sie darauf verwenden, andere zu Änderungen bei ihrem Umgang mit Informationen anzuregen, dürfte sich auch für Sie auszahlen. Falls Sie eine gehobene Position innehaben, können Sie hier besonders gut aktiv werden. Achten Sie aber darauf, keine widersprüchlichen Botschaften zu senden. Vielen Managern gefällt die Idee, zumindest einen Teil des Papierkrams loszuwerden, doch sie scheuen davor zurück, ihn ganz an ihre Mitarbeiter zu delegieren. Falls die Mitarbeiter aber nicht genau wissen, wo die Grenzen ihres Verantwortungsbereichs verlaufen, werden sie sich an die Sicherheit klammern, die sie dadurch erlangen, dass sie ihre Vorgesetzten unnötig genau informieren.

Auch wenn Sie keine gehobene Position bekleiden, bedeutet das nicht unbedingt, dass Sie keine Veränderungen herbeiführen können. Benutzen Sie Gelegenheiten wie Besprechungen und Einzelgespräche mit Ihrem Chef, um Ihre Vorschläge vorzutragen. Manche Manager versuchen allerdings, ihre eigene Position dadurch zu rechtfertigen, dass sie ihre Untergebenen ständig unter Druck setzen; andere halten es für wichtig, dass ihre Untergebenen die gleiche harte Schule durchlaufen müssen wie sie selbst in ihren ersten Jahren.

Eigene Ideen überzeugend vortragen

Wenn Sie andere von Ihrer Denkweise überzeugen wollen, sollten Sie die folgenden Grundregeln beachten:

- Betrachten Sie die Sache aus der Sicht der anderen. Wenn Ihre Mitmenschen Veränderungen akzeptieren und sich für sie einsetzen sollen, ist es wichtig, dass sie darin Vorteile für sich selbst sehen.
- Auch bei sehr vorteilhaften Veränderungen wird es immer Leute geben, die sich dagegen sträuben. Denken Sie vorher darüber nach, welche Einwände sie vorbringen könnten, und legen Sie sich überzeugende Erwiderungen zurecht.
- Die Kostenfrage spielt in allen Arbeitsbereichen eine sehr große Rolle. Falls es Ihnen gelingt, eine realis-

tische Schätzung der Einsparungen zu präsentieren, werden Ihre Vorschläge von vornherein positiver aufgenommen werden.

- Berücksichtigen Sie die Unternehmensstruktur. Bürokratische, hierarchische Firmen können durch einen effektiveren Umgang mit Informationen am meisten gewinnen, dürften sich aber gleichzeitig sehr stark gegen Veränderungen sperren. Hier empfiehlt es sich, auf eine Politik der kleinen Schritte zu setzen, bei der Sie den üblichen Weg beschreiten und nicht erwarten, gleich alles auf einmal erreichen zu können.
- Viele Menschen akzeptieren Veränderungen besonders bereitwillig, wenn sie glauben, dass sie von ihnen selbst ausgegangen sind. Auch wenn Ihnen das gegen den Strich geht, sollten Sie nicht ständig darauf hinweisen, dass die neuen Ideen von Ihnen stammen. Suchen Sie lieber nach Gelegenheiten, die positiven Beiträge von anderen hervorzuheben.

Sie können in Ihrem Betrieb einen anderen Umgang mit Informationen erreichen, wenn Sie Ihre Kollegen und Vorgesetzten von den Vorteilen für ihren Arbeitsbereich überzeugen können. Heben Sie dabei die positiven Beiträge anderer hervor.

4.5 Gemeinsame Aktionen und Initiativen

Die folgenden Ideen eignen sich dafür, das Bewusstsein für die Problematik der Informationsflut zu schärfen und Lösungsmöglichkeiten zu schaffen. Falls es nicht möglich ist, solche Aktionen und Initiativen in der ganzen Firma durchzuführen, können Sie zumindest in Ihrer Abteilung oder in einer Gruppe von Kollegen beachtliche Ergebnisse erzielen. Diese Ideen können Sie verändern und verbessern, um sie an Ihre spezielle Arbeitssituation anzupassen:

- *Recycling-Kasten:* Stellen Sie an einem geeigneten Platz in einem Büro, das sich mehrere Kollegen teilen, einen großen Karton auf. Im Laufe der Woche sollen die Betreffenden allen unnötigen Papierkram, den sie bekommen, dort hineinwerfen. Dadurch wird zum einen das Bewusstsein dafür, dass längst nicht alle Informationen wertvoll sind, gesteigert. Zum anderen kann man dann nach einer informellen Analyse des Kartoninhalts eine Vereinbarung treffen, den überflüssigen Schriftverkehr zu vermeiden.
- *Aktion „Zurück an den Absender!":* Machen Sie mit Ihren Kollegen aus, dass interne Dokumente, die Ihnen unnötigerweise zugeschickt werden, an den Absender zurückgehen sollen. Das hat den Vorteil, dass die Absender auf einfache Weise direktes Feedback erhalten. Diese Aktion muss aber sehr geschickt vorgeschlagen werden, damit sie niemand in den falschen Hals bekommt.
- *Aktion zur Vereinfachung von Formularen:* Falls zu komplizierte Formulare im Umlauf sind, sollten Sie eine Überarbeitung vereinbaren, feste Fristen dafür setzen und die Verantwortung dafür gleichmäßig auf die einzelnen Abteilungen oder Gruppen verteilen.

- *Zusammenarbeit beim Lesen:* Die Kollegen erklären sich bereit, umfangreiche Berichte oder neue Richtlinien reihum zu lesen und den anderen dann eine Zusammenfassung zur Verfügung zu stellen.
- *Kommunikationsregeln:* Viele Firmen haben gar keine Kommunikationsregeln. Wo Regeln existieren, sind sie oft veraltet und können sogar dazu führen, dass viele nutzlose Informationen weitergegeben werden. Durch Überdenken der bisherigen Übung oder Entwicklung von neuen Richtlinien lässt sich die Informationsflut innerhalb des Betriebs und von außen erheblich eindämmen.

Auch in der Zusammenarbeit mit den Kollegen und Kunden können Wege zur Eindämmung der Informationsflut gefunden werden.

- *Um selbst ungestört arbeiten zu können, sollten Sie versuchen, Ablenkungen und Störungen auszuschalten. Gehen Sie dabei diplomatisch vor, aber bleiben Sie fest.*
- *Nicht jeder Vorgang muss schriftlich festgehalten werden.*
- *Informationen müssen so gestaltet werden, dass sie für andere abrufbar sind. Sie müssen nicht unbedingt verschickt werden.*
- *Fördern und gestalten Sie selbst Initiativen und Aktionen zur Schärfung des Problembewusstseins bei Ihren Kollegen.*

5. Infopool Internet – eine Herausforderung

Die neuen Informationsmöglichkeiten, die durch Internet und E-Mail geboten werden, haben die Kommunikationswege erheblich verändert. Das Informationsangebot ist riesig, es bedarf aber des richtigen Umgangs mit diesen neuen Medien.

5.1 Effektiver Umgang mit E-Mail

E-Mails sind eine der einfachsten und benutzerfreundlichsten Computeranwendungen überhaupt. Selbst ein Computer-Neuling kann das Verfahren nach ungefähr einer Stunde beherrschen. Die Kommunikation per E-Mail hat folgende Vorteile:

- *Sie ist mit keiner zeitlichen Verzögerung verbunden:* Man kann eine E-Mail eingeben und sie innerhalb weniger Augenblicke an den Empfänger schicken. Falls dieser über die notwendige Software verfügt, um andere Dokumente, Arbeitsblätter, Diagramme oder auch Videos zu öffnen, kann man sie als Anhänge mitschicken.
- *Sie ist informell:* Bei E-Mails kann man getrost (fast) alles vergessen, was man über die Regeln für das Schreiben von Briefen und Memos gelernt hat. Die Grundstruktur ist schon festgelegt, und man braucht sich nicht darum zu kümmern, ob das Mitgeteilte auch die ganze Seite füllt – drei Wörter sind genauso akzeptabel wie 300.
- *E-Mails kann man leicht speichern oder wegwerfen:* Vorausgesetzt, dass man das eigene Computersystem entsprechend eingerichtet hat, kann man alle wich-

tigen E-Mails sofort speichern. Und die Vernichtung der nicht benötigen Nachrichten fällt leichter, weil sie nicht auf Papier stehen.

E-Mails funktionieren immer auf die gleiche Weise – egal, ob innerhalb eines firmeninternen Netzwerks oder rund um den Erdball, also über das Internet. Voraussetzung ist natürlich, dass es andere E-Mail-Benutzer gibt, mit denen man kommunizieren kann. Falls die meisten Ihrer Kommunikationspartner noch keine E-Mail-Adresse haben, wird Ihre Informationslast natürlich kaum abnehmen, wenn Sie selbst die entsprechende Ausrüstung erwerben. Heute nutzen aber immer mehr Menschen und Betriebe die Vorteile von E-Mails. Das hat allerdings den Nachteil, dass sie inzwischen mit vielen der Probleme behaftet sind, die bei der Kommunikation per Papier auftreten – und weil das Kopieren und Senden bei ihr so viel einfacher ist, bekommt man noch mehr überflüssige Informationen.

Die Zahl der E-Mails reduzieren

- Machen Sie sich die Tatsache zunutze, dass die Kommunikation per E-Mail zeitunabhängig ist. Dass die Übersendung von E-Mails nur Sekunden dauert, bedeutet ja nicht, dass Sie sich sofort mit ihnen befassen müssen. Im Gegensatz zu Telefonanrufen oder anderen Störungen und Unterbrechungen bleiben E-Mails in Ihrer Mailbox (und akustische Nachrichten auf Ihrem Anrufbeantworter), bis Sie Zeit haben, sie zu lesen. Effektive Benutzer befassen sich nur ein- bis zweimal am Tag mit ihnen, und zwar dann, wenn keine anderen Aufgaben Priorität haben.

- Geben Sie Ihre E-Mail-Adresse nicht unbedacht weiter, denn dann werden Sie viel Junk-Mail bekommen. Behandeln Sie die E-Mails in Ihrer Mailbox so, wie es in Kapitel 1 für den Eingangskorb beschrieben wird.
- Scheuen Sie sich nicht, E-Mails ungelesen wegzuwerfen. Falls Sie schon anhand der Informationen in der Betreff-Zeile erkennen können, dass es sich nicht lohnt, die E-Mail zu lesen, sollten Sie keine Zeit verschwenden und gleich auf die Löschtaste drücken. Sonst schieben Sie diese Informationen nur vor sich her.
- Legen Sie zur Aufbewahrung von E-Mails, die Sie behalten wollen, sinnvoll benannte Ordner an, damit Sie sie leicht wiederfinden.
- Falls Sie selbst nicht mit Kopien überschüttet werden wollen, sollten Sie darauf achten, anderen auch nicht zu viele Kopien zu schicken.
- Werbe-E-Mails werden normalerweise automatisch erzeugt und anhand umfangreicher Mailing-Listen verschickt. Oft gibt es eine einfache Rückantwort, durch die Sie von der Liste gestrichen werden.
- Wenn Sie selbst E-Mails verschicken, sollten Sie gegebenenfalls darauf hinweisen, dass keine Antwort erforderlich ist. Sonst wird der Empfänger Ihnen oft einfach mit einer kurzen Ergänzung Ihrer ursprünglichen Nachricht antworten. Die Zeit, die Sie zum Öffnen und Lesen brauchen, können Sie einsparen.
- Melden Sie Leute und Firmen, die Ihnen immer wieder Junk-Mail schicken, Ihrem Provider, oder benutzen Sie einen entsprechenden Filter (zum Beispiel den in Outlook).

E-Mails bieten Ihnen durch rasche Informationsübermittlung viele Vorteile; Sie müssen aber auch hier Vorsorge treffen, dass Sie nicht mit überflüssigen Informationen überschüttet werden. Gehen Sie sparsam mit Kopien um und lassen Sie sich von den Mailing-Listen bei Werbe-E-Mails streichen.

5.2 Suchen und Finden im Internet

Ich befasse mich hier nur mit dem Internet als Informationsquelle, nicht mit seinen Funktionen als Verkaufs- oder Unterhaltungsmedium. Angesichts des knappen Raums muss ich voraussetzen, dass Sie mit seinem Hauptbestandteil, dem World Wide Web, schon ein bisschen vertraut sind. Falls Sie das Internet bisher noch nicht benutzt haben, möchte ich Ihnen ein anderes Buch aus dieser Reihe empfehlen, *30 Minuten für den Einstieg ins Internet*.

Das Hauptproblem beim Internet ist das ungeheure Volumen der verfügbaren Informationen. Daraus ergeben sich drei Schwierigkeiten:
1. das Herausfiltern der benötigten Informationen
2. die Entscheidung, wann man die Suche beenden soll
3. das Ausschalten von Ablenkungen.

Der richtige Umgang mit der Datenfülle im Internet
Das Internet ist riesig, und der Zugang verführerisch einfach - mit ein paar Mausklicks gelangt man zu Millionen von Seiten voller Informationen. Daher ist die Versuchung groß, viel zu eingehend zu suchen, aus

lauter Angst, irgendeine sehr wichtige Information zu verpassen. Es ist aber wichtig, dem Drang zu widerstehen, sich nur mit den vollständigen Informationen zufrieden zu geben.

Viel bringt nicht immer viel

Die 80/20-Regel gilt nirgendwo so sehr wie beim Internet (80 Prozent der Ergebnisse resultieren aus 20 Prozent der investierten Zeit). Mit der Jagd nach nützlichen Informationen kann man viel Zeit verschwenden, denn ab einem bestimmten Punkt nimmt der Wert der Daten rasch ab. Konzentrieren Sie sich deshalb auf präzise, gut geplante Nachforschungen, durch die Sie schnell an nicht zu große Mengen qualitativ hochwertiger Informationen gelangen.

Die Suche im Internet

Surfen – die Verfolgung von Links zwischen den Websites – ist die am wenigsten effektive Methode zum Auffinden spezifischer Informationen. Sie brauchen ein geeignetes Suchsystem: entweder ein Internetverzeichnis bzw. -katalog oder eine Suchmaschine.

Suchmaschinen

Verzeichnisse wie Yahoo sind riesige Datenbanken, in denen Hunderttausende von Adressen nach Themen sortiert gespeichert sind. Solche Verzeichnisse oder Kataloge sind sehr hilfreich, wenn man nach allgemeinen Informationen oder einer bestimmten Website sucht. Sie eignen sich aber weniger, wenn man nach einer spezifischen Information sucht, die auf irgendeiner Webseite vergraben sein kann. Hier hilft eine

Suchmaschine wie Altavista oder Lycos, eine weitere Suchmaschine im deutschsprachigen Raum ist fireball. Sie sind mit einer spezifischen Software ausgestattet, die das World Wide Web nach neuen Seiten durchsucht und ihren ganzen Inhalt erfasst. Um die benötigten Information zu finden, muss man eine möglichst gute Kombination von Stichworten wählen, so dass aus Millionen von Seiten die relevanten aufgespürt werden.

Die Kataloge und die Suchmaschinen werden sich immer ähnlicher. Manche Suchsysteme verwenden einen themenorientierten Katalog *und* eine umfassende stichwortorientierte Suchmaschine, z. B. Infoseek. Einige sind nicht auf das World Wide Web beschränkt, sondern durchsuchen auch das Usenet; es besteht aus Tausenden von themenspezifischen Newsgroups, in denen die Teilnehmer Informationen und Ansichten zu interessanten Themen austauschen. Auch wenn ein großer Teil des Inhalts wenig nutzbar ist, kann man über manche Gruppen Informationen finden, die anders nicht zugänglich sind. (Siehe auch die Übersicht am Ende des Kapitels.)

Ein paar Tipps:

Formulieren Sie Ihre Suchanfrage sorgfältig
Wenn man zu allgemeine Stichworte eingibt, besteht die Gefahr, dass man mit Tausenden von Seiten überschüttet wird. Die Suchmaschinen klassifizieren ihre Antworten nach den Anfragen – diejenigen, die die Suchkriterien am besten erfüllen, stehen ganz oben -, eine ungenaue Anfrage kann zu Hunderten von gleichrangigen Antworten führen. Daher muss man sich genau

überlegen, welche Stichworte die gesuchte Information am besten kennzeichnen.

Benutzen Sie Operatoren, um Ihre Suche einzuengen
Alle Suchmaschinen bieten Möglichkeiten für eine verfeinerte Suche. Auf ihren Hilfeseiten findet man normalerweise neben grundlegenden Tipps für die Suche auch spezielle Methoden, an die benötigten Informationen zu gelangen.

Lassen Sie sich nicht von Links zu anderen interessanten, aber irrelevanten Seiten ablenken. Falls irgendetwas Ihr Interesse weckt, sollten Sie die Adresse über ein Lesezeichen speichern, so dass Sie zu einem späteren Zeitpunkt zu dieser Seite zurückkehren können.

Probieren Sie verschiedene Suchmaschinen aus
Je nachdem, wonach Sie suchen, kann die eine oder andere Suchmaschine Ihnen besser weiterhelfen. Sagt Ihnen eine Suchmaschine zu, sollten Sie sich genauer mit ihren Suchmöglichkeiten vertraut machen.

Kennen Sie sich im Internet bereits gut aus und nutzen Sie es regelmäßig für die Suche nach Informationen, könnte sich ein Suchassistent oder ein Offline-Browser als hilfreich erweisen. Ein Suchassistent ist eine Anwendung, die es Ihnen erleichtert, Ihre Suche zu organisieren und zu verfolgen. Falls nötig, schickt sie die gleiche Anfrage an mehrere Suchmaschinen. Offline-Browser bieten Ihnen die Möglichkeit, Standardanfragen zu stellen und bestimmte Seiten immer wieder abzurufen, um den neuesten Stand zu erhalten.

Mit E-Mail und Internet bieten sich Ihnen neue Möglichkeiten der Weiterleitung und des Empfangs von Informationen. Um auch hier nicht angesichts der Unmenge an Daten die Übersicht zu verlieren, sollten Sie darauf achten,

- *die Zahl der E-Mails reduzieren, indem Sie sparsam mit der Weitergabe Ihrer E-Mail-Adresse umgehen und auch hier die Anzahl der Kopien einschränken*
- *dass Sie bei der Suche im Internet die für Sie wesentlichen Informationen im Auge behalten. Das Surfen ist dabei keine geeignete Methode.*

Suche im Internet *)

- mit Internet-Verzeichnissen bzw. Katalogen, wenn Sie nach allgemeinen Informationen zu einem Thema oder nach einer bestimmten Website suchen, z. B.
  dino-online.de
  infoseek.de
  web.de
  yahoo.de

- mit Suchmaschinen, wenn Sie etwas zu einem bestimmten Thema suchen. Suchmaschinen sind z. B.
  aladin.de
  altavista.de
  alltheweb.com
  excite.de
  fireball.de
  infoseek.de
  lycos.de

- Suchmaschinen zeigt ein Suchmaschinenkatalog auf, z. B.
  suchfibel.de

- mit Suchdiensten für Newsgroups und Mailinglisten, wenn Sie Informationen zu und in den Diskussionsgruppen suchen. Z. B.
  deja.com/usenet
  Kbx.de
  Liszt.com
  Tile.net

*) Es muss jeweils noch www. vorangestellt werden.

6. Mit Computern sinnvoll umgehen – Umsetzung der Maßnahmen

Die moderne Technologie ist zwar die Ursache der immer stärker wachsenden Informationsflut, aber auch gleichzeitig eine Lösungsmöglichkeit. Die durch sie möglich gewordene Erzeugung und Verbreitung von Information hat zu einem enormen Anwachsen der täglich zirkulierenden Informationen geführt. Entgegen der in den frühen achtziger Jahren verbreiteten Vorstellung vom papierlosen Büro werden sogar noch größere Papiermengen produziert, bearbeitet und gespeichert.

Computer: Segen oder Fluch?
Berücksichtigt man dann noch die zunehmende Nutzung von E-Mail und Internet, wird der Computer schnell verteufelt. Die ungeheueren Möglichkeiten von Computern zur Erzeugung, Kommunikation, Bearbeitung und Speicherung von Informationen bieten aber gleichzeitig Lösungen für das Problem. Wir müssen nur die richtigen Mittel auswählen und sie effektiv nutzen!

6.1 Wo Computer keinen Sinn machen

Die Informationstechnologie ist so allgegenwärtig geworden, dass man versucht sein könnte, sie für alle Aufgaben, bei denen es um den Umgang mit Informationen geht, zu benutzen. Das wäre jedoch ein Fehler. Es gibt Fälle, bei denen der Aufwand für den Einsatz von Computern in keinem vernünftigen Verhältnis zu dem dadurch erreichbaren Nutzen steht oder das Medium ungeeignet ist:

- die Anfertigung eines Memos mit einem Computerprogramm als Antwort auf eine interne Mitteilung, obwohl eine handschriftliche Notiz auf dem ursprünglichen Dokument ausgereicht hätte

- das Anlegen einer elektronischen Datenbank mit den Telefonnummern der Leute, mit denen Sie häufig telefonieren, wenn das nur wenige sind und ihre Zahl voraussichtlich auch nicht erheblich steigen wird
- Zeit und Energie darauf zu verwenden, ein Computerprogramm zu lernen, um damit etwas zu machen, das Sie auch von Hand tun könnten und das in der Gesamtheit Ihrer Aufgaben kaum ins Gewicht fällt.

Nicht immer macht der Gebrauch von Computern Sinn. Ihre Anwendung sollte verhältnismäßig sein, manchmal ist eine handschriftliche Notiz ausreichend.

6.2 Die Wahl der richtigen Software

Lassen Sie sich bei der Wahl der Software nur von der Überlegung leiten, was Sie wirklich brauchen. Viele Leute machen den Fehler, sich von den Versprechungen im Hinblick auf die Leistungsfähigkeit eines Programms zum Kauf verlocken zu lassen und dann nach einer Aufgabe zu suchen, bei der sie es verwenden können.

Denken Sie darüber nach, ob die verbesserte Produktivität die Zeit wert ist, die Sie investieren müssen, um richtig mit dem Programm umgehen zu können. Auch wenn es unkompliziert aussieht, sollten Sie genug Zeit einkalkulieren, um es zu lernen - vielleicht müssen Sie dabei ja unerwartete Klippen umschiffen!

Empfehlungen anderer nutzen

Die einzelnen Programme haben nicht für alle Anwender die gleiche Bedeutung. Das hängt zum Beispiel davon ab, ob Sie bisher schon andere, ähnliche Produkte benutzt haben, in welchem Bereich Sie arbeiten und was Sie genau tun wollen. Berichte in Computerzeitschriften und Gespräche mit Ihren Kollegen können Ihnen bei Ihrer Entscheidung helfen, doch letztendlich können nur Sie selbst richtig einschätzen, ob es sich für Sie lohnt, ein bestimmtes Programm zu kaufen und zu lernen.

Ist der Kauf wirklich sinnvoll?

Bevor Sie sich mit einem neuen Programm beschäftigen, sollten Sie eingehend darüber nachdenken, ob der damit verbundene Zeitaufwand sich angesichts der zu erwartenden Vorteile wirklich lohnt. Das können Sie zum Beispiel herausfinden, indem Sie berechnen, wann die investierte Zeit sich amortisiert hat.

Schätzen Sie ab, wie viel Zeit es Sie kosten wird, das Programm richtig zu lernen, und wie viel Zeit Sie pro Woche einzusparen hoffen. Wenn Sie die erste Zahl durch die zweite teilen, erhalten Sie die Amortisationsperiode. Brauchen Sie zum Beispiel 20 Stunden, um ein Programm zu lernen, durch das Sie pro Woche nur 30 Minuten sparen, beträgt sie 40 Wochen. Mit anderen Worten: Es dauert fast ein Jahr, bis Sie tatsächlich Zeit sparen. Unter diesen Umständen gibt es wahrscheinlich andere Möglichkeiten, durch die Sie schneller Zeit sparen können.

Wann Upgrades nützlich sind
Für welches Programm Sie sich auch entscheiden – wahrscheinlich wird schon nach kurzer Zeit eine Upgrade-Version angeboten werden, die neue Merkmale und noch mehr Effektivität beim Umgang mit Informationen verspricht. Die Frage, ob Sie diese Version kaufen sollten, können Sie sich anhand der folgenden Kriterien beantworten:

- Brauche ich den neuen Leistungsumfang? Den vollen Leistungsumfang seiner Programme benutzt kaum jemand. Neue Merkmale klingen vielleicht attraktiv, doch wenn sie keine erheblichen Vorteile bieten, lohnt es sich nicht, sie zu kaufen.
- Sind die Vorteile den Lernaufwand wert? Die meisten Upgrades ähneln ihren Vorgängern im Großen und Ganzen, doch manchmal müssen Sie das Programm »neu lernen«. Die Verbesserungen fallen aber oft kaum ins Gewicht. Außerdem sind Upgrades manchmal mit neuen Fehlern behaftet oder laufen auf Ihrem Computer langsamer.

Muss ich meinen Umgang mit dem Computer ändern?
Je länger Sie schon mit dem Computer arbeiten, desto wahrscheinlicher ist es, dass Sie eingefleischte Gewohnheiten ablegen müssen. Erfahrene Benutzer stellen immer wieder fest, dass sie bestimmte Dinge weiter so tun, wie sie sie gelernt haben, als der Computer noch langsamer und die Software noch nicht so ausgefeilt war. Schauen Sie doch wieder einmal ein halbe Stunde in die Hilfedateien oder in die Handbücher für Ihre Programme und Ihr Betriebssystem - dadurch können Sie möglicherweise viel Zeit sparen.

Bei der Wahl der richtigen Software sollten Sie sich an Ihren Bedürfnissen orientieren. Berücksichtigen Sie dabei aber den Zeitaufwand für das Erlernen eines neuen Programms. Prüfen Sie genau, ob für Sie die Upgrades wirklich von Nutzen sind.

6.3 Nützliche Hard- und Software

Angesichts des knappen Raums kann ich hier nur kurz auf allgemeine Hard- und Software hinweisen, die Ihnen beim Informationsmanagement helfen kann.

Textverarbeitungsprogramme
Textverarbeitungsprogramme sind die am weitesten verbreiteten Anwendungsprogramme. Die meisten kann man schnell erlernen. Wer in der Lage ist, mit der Tastatur umzugehen, die Lösch- und die Rücktaste und die Funktionen „Speichern“ und „Drucken“ zu benutzen, kann solche Programme auf der elementaren Ebene verwenden, um Dokumente zu erstellen, zu speichern und zu bearbeiten.

Wenn die Dokumente ansprechend aussehen sollen, muss man sich außerdem mit einigen der Layoutfunktionen auskennen, doch den größten Teil dieser Arbeit können Ihnen die in den Textverarbeitungsprogrammen enthaltenen Standardvorlagen abnehmen. In den letzten Jahren sind diese Programme viel ausgefeilter und benutzerfreundlicher geworden. Sie bieten eine ganze Reihe von Funktionen, die der durchschnittliche Benutzer nicht verwendet, zum Beispiel die Möglichkeit, Bilder, Diagramme und Tabellen in Dokumente einzuarbeiten, einfache Berechnungen durchzuführen und sich Überarbeitungen anzeigen zu lassen.

Textverarbeitungsprogramm trotz Sekretärin?
Die Antwort auf diese Frage hängt davon ab, wie Sie am liebsten arbeiten. Viele Leute stellen fest, dass sie Routinesachen schnell diktieren können, komplexere Dinge aber gedruckt sehen müssen, um sie weiterentwickeln zu können. Falls das auch für Sie gilt, könnte es Ihnen helfen, Ihren Gedanken mit Hilfe eines Textverarbeitungsprogrammes eine Struktur zu verleihen. Diese Programme enthalten meist eine Gliederungsfunktion, die es Ihnen ermöglicht, sich nur die Überschriften anzeigen zu lassen. Sie können Ihre Dokumente dann entwerfen, das Layout und die grafische Gestaltung aber Ihrer Sekretärin überlassen oder die komplexeren Teile selbst eingeben und den Rest diktieren.

Tabellenkalkulationprogramme
Mit diesen Programmen können Sie numerische Information jeder Art speichern und bearbeiten. Wenn Sie viel mit statistischen Angaben oder Finanzdaten zu tun haben, lohnt es sich sicher, ein solches Programm zu lernen. In den letzten Jahren haben die Entwickler solcher Programme es den Benutzern sehr erleichtert, komplizierte Berechnungen auszuführen. Mit wenigen Mausklicks kann man Diagramme und Grafiken aus den entsprechenden Daten erzeugen. Den meisten Neueinsteigern fällt das Erlernen von Kalkulationsprogrammen aber etwas schwerer als das von Textverarbeitungsprogrammen.

Personal Information Manager (PIM)
PIMs sind kundenspezifische Datenbankprogramme, die als Organisationshilfe dienen, Beispiele sind Lotus Organiser, Starfish Sidekick oder Microsoft Schedule+ oder Outlook. Die integrierten Officepakete enthalten normalerweise auch einen PIM. Der typische Inhalt besteht aus:

- einer Adressverwaltung (zum Anlegen von Kontaktlisten)
- einem Terminplaner, der mit der Adressverwaltung oder einem Zeitplaner auf Monats- oder Jahresbasis kombiniert sein kann und eine Erinnerungsfunktion enthält
- Listen mit anstehenden Aufgaben, die nach Themen aufgebaut werden können und oft auch einfache Projektplanungen im Hinblick auf Fristen bieten
- einem Journal, in dem die Zeit erfasst wird, die man mit bestimmten Aktivitäten verbringt
- Platz für Notizen, den man nach Bedarf nutzen kann und der es ermöglicht, Informationen aus anderen Programmen zu übernehmen.

Durch Programme wie Microsoft Outlook können Sie außerdem Ihre E-Mails verwalten und in Ihren Terminplaner die Aufgabenlisten einbauen. Wenn PIMs in firmenweiten Netzwerken eingesetzt werden, können sie die Planung von Besprechungen sehr erleichtern, vorausgesetzt, alle machen sich die Mühe, ihre Termine in das System einzugeben.

Elektronische Organizer

Diese Geräte reichen von einfachen elektronischen Adressbüchern bis zu PCs, die so groß sind wie ein Notizkalender, also in der Handfläche Platz haben. Im mittleren Preissegment bekommt man die meisten Leistungsmerkmale eines PIM-Programms (Adressverwaltung, Kalender, Terminplaner, Erinnerungsfunktion) in einem Gerät, das sich in der Jackentasche unterbringen lässt. Im oberen Bereich gibt es abgespeckte Versionen von Standardsoftware für Textverarbeitung, Tabellenkalkulation und Kommunikation. Diese Geräte haben allerdings den Nachteil, dass ihre Tastatur klein ist; daher eignen sie sich nicht für die Eingabe großer Datenmengen. Obwohl es möglich ist, Dateien von Ihrem Organizer auf den Computer an Ihrem Arbeitsplatz zu transferieren, kann es lästig sein, die Daten auf den verschiedenen Geräten synchronisieren zu müssen.

Elektronische Archivierungssysteme

Wenn man ursprünglich auf Papier stehende Informationen elektronisch speichern will, braucht man neben dafür geeigneter Software zwei Hardware-Elemente: einen Scanner, mit dem man die Informationen in den Computer einlesen kann, und einen ausreichenden Massenspeicher. Bis vor kurzem war beides so teuer, dass sich viele Betriebe die entsprechenden Systeme nicht leisten konnten. Heute gibt es aber relativ billige Lösungen, die auch für kleinere Betriebe erschwinglich sind.

Viele große Unternehmen haben ein zentrales System für die Verarbeitung und Archivierung von Dokumenten, doch schon die kleinste Firma und auch Selbständige können ein einfaches Archivierungssystem in Form eines Scanners und eines CD-Brenners einrichten. Solche Geräte gibt es heute im Einzelhandel sehr billig, und oft bekommt man noch kostenlos die passende Software dazu. Auf CD-ROMs kann man große Datenmengen speichern, und bei den wieder beschreibbaren kann man fast so einfach wie bei Disketten immer wieder Informationen speichern und löschen.

Informationen kategorisieren

Manche Programme ermöglichen es, die verschiedensten Dateitypen zusammen zu speichern – eingescannte Dokumente, Textverarbeitungs- und Tabellenkalkulationsdateien sowie E-Mails und aus dem Internet heruntergeladene Dokumente. Durch Themenkategorien, Stichworte oder das Datum hat man schnell Zugriff auf alle diese Dateien. Da das Einlesen von auf Papier geschriebenen Dokumenten in das System immer noch Zeit kostet, sollte man ein elektronisches Archivierungssystem aber nicht benutzen, um sich vor der Entscheidung zu drücken, was aufbewahrt/gespeichert und was weggeworfen werden sollte (vgl. auch Seite 36).

Richtiger Umgang mit der Tastatur

Können Sie nur mit zwei Fingern tippen, sitzen aber viel an der Tastatur? Dann sollten Sie sich überlegen, ob sich nicht der Kauf eines Programms lohnen würde, durch das Sie lernen können, mit zehn Fingern (und damit viel schneller) zu schreiben. Es gibt mehrere solcher Programme auf CD-ROM. Bereits nach 10 bis 12 Stunden Arbeit können Sie eine Verdoppelung Ihres Tempos erreichen. Falls Sie schon lange mit zwei Fingern tippen, könnte die Umstellung etwas schwieriger für Sie sein, doch ich selbst habe 30 Jahre so geschrieben und kann Ihnen versichern, dass Sie mit ein bisschen Ausdauer eine erhebliche Produktivitätssteigerung erreichen können.

Textverarbeitungsprogramme, Tabellenkalkulationsprogramme, PIMS und elektronische Organizer sind nützliche und weit verbreitete Software zur Bewältigung der täglichen Arbeit. Elektronische Archivierungssysteme sind bei der Informationsverarbeitung wichtige Hilfsmittel, sie werden inzwischen auch für kleine Büros und Firmen günstig angeboten.

6.4 Verringerung der Arbeitsbelastung erreichen

Selbst wenn Sie sich konsequent bemühen, die in diesem Buch gemachten Vorschläge umzusetzen, könnte es sein, dass die mit Ihrem Job verbundene Informationsflut für einen Einzelnen einfach zu groß ist. Vielleicht ist Ihr Aufgabengebiet im Laufe der Jahre gewachsen, oder Sie müssen mit einer Arbeitslast fertig werden, die früher von zwei Mitarbeitern bewältigt wurde (was in der heutigen, von Umstrukturierungen und Stellenabbau geprägten Zeit immer häufiger der Fall ist). Möglicherweise rechnete man auch damit, dass der mit manchen Dingen verbundene Arbeitsaufwand abnehmen würde. Doch die Realität sieht anders aus: Man erwartet trotzdem von Ihnen, dass Sie die Mehrarbeit bewältigen.

Wenn Sie auch trotz effektivem Umgangs mit Informationen immer noch Papierbergen gegenuberstehen, können Sie entweder die Zähne zusammenbeißen und sich weiter abmühen. Stehen alle anderen unter dem gleichen Druck, bleibt Ihnen wahrscheinlich nichts anders übrig.

Um personelle Entlastung bitten

Oder Sie können etwas dagegen tun, um einen Teil Ihrer Aufgaben abzugeben oder zusätzliche Hilfe zu bekommen. Wenn Sie diesen zweiten Weg beschreiten, sollten Sie sich gute Argumente zurechtlegen, wenn Sie Erfolg haben wollen. Hier sind ein paar Tipps:

- Wählen Sie einen geeigneten Zeitpunkt, um Ihre Bitte an Ihren Chef heranzutragen, weder Sie noch Ihr Chef sollten unter Druck stehen oder durch andere Dinge abgelenkt werden
- Machen Sie sich klar, welches die wichtigen Ziele und die Prioritäten bei Ihrem Job sind, und versuchen Sie, herauszufinden, wodurch die nicht mehr zu bewältigende Informationsflut im Einzelnen entsteht.
- Wenn Sie Ihr Anliegen vorbringen, sollten Sie weder auf Konfrontation aus sein noch Entschuldigungen abgeben
- Sorgen Sie dafür, dass Sie einleuchtende und durchführbare Lösungen der vorgetragenen Probleme vorschlagen können.
- Achten Sie darauf, dass Ihr Chef Ihre Motive nicht falsch auslegen kann. Sie dürfen zum Beispiel nicht den Eindruck erwecken, dass Sie einfach nur versuchen, unangenehme Aufgaben loszuwerden.

- Betrachten Sie die Situation vom Standpunkt Ihres Chefs aus. Es wird Ihrer Sache förderlich sein, wenn Sie Ihre Argumente so vorbringen, dass er sich damit identifizieren kann.
- Überlegen Sie sich vorher, wie ein Kompromiss aussehen könnte, falls es Ihnen nicht gelingt, alles zu erreichen, was Sie sich vorgenommen haben.

Ist Ihre Arbeitsbelastung trotz effektiver Nutzung von Informationen noch immer zu hoch, hilft es Ihnen nur, wenn Sie einen Teil Ihrer Aufgaben abgeben können. Sprechen Sie Ihren Chef an einem geeigneten Zeitpunkt darauf an. Gehen Sie nur gut vorbereitet in ein solches Gespräch und versuchen Sie, die Situation vom seinem Standpunkt aus zu betrachten.

6.5 Ihr persönlicher Aktionsplan

Wir haben uns jetzt in 30 Minuten die Hauptursachen für zu große Informationsmengen und Strategien für ihre Bewältigung angesehen. Um diese Strategien sinnvoll für sich zu nutzen, werden Sie natürlich ein bisschen mehr Zeit brauchen. Dass Sie das Problem erkannt haben und mit aller Kraft versuchen wollen, es abzustellen, reicht nicht aus, um der Informationsflut Herr zu werden. Gehen Sie systematisch vor, wenn Sie die Strategien umsetzen, die Sie für wichtig halten, und achten Sie immer bewusst darauf, nicht wieder in alte Gewohnheiten zu verfallen – dazu neigen wir nämlich alle, wenn wir unter Druck stehen.

So gehen Sie vor

Der folgende Aktionsplan sollen Ihnen dabei helfen, eine persönliche Strategie zu entwickeln, durch die Sie Ihre Arbeitsweise dauerhaft ändern können:

1. Suchen Sie auf der Liste diejenigen Elemente heraus, von denen Sie sich Vorteile versprechen.
2. Kennzeichnen Sie diese Elemente durch die Buchstaben A (höchste Priorität) bis C (nicht so wichtig) nach Ihrer Priorität.
3. Setzen Sie sich Fristen für das Erreichen der Ziele, denen Sie höchste Priorität zugeordnet haben, oder für eine Überprüfung Ihrer Fortschritte. Natürlich können Sie das auch für die Prioritäten B und C tun, doch Sie sollten darauf achten, sich nicht zu viel auf einmal vorzunehmen.

Bei manchen dieser Elemente können Sie sich eine feste Frist setzen, da sie nur einmal zu erledigen sind. Andere erfordern das ständige Bemühen, die eigenen Gewohnheiten zu ändern und Einfluss auf andere Menschen auszuüben; in diesen Fällen sollten Sie sich ein Datum für eine realistische Überprüfung Ihrer Fortschritte setzen.

Sie können natürlich den Aktionsplan Ihren eigenen Bedürfnissen anpassen. Der eine oder andere Punkt mag für Sie weniger problematisch sein, während andere Punkte nicht aufgeführt sind, von denen Sie wissen, dass sie auf Ihr persönliches Informationsmanagement einen ungünstigen Einfluss haben. Aber auch hier gilt natürlich, dass Sie nicht nach Perfektion streben sollten.

Was ist zu tun	Priorität	Wann erledigt
Mit Angst verbundene Gewohnheiten abbauen		
Den Hang zur Verzögerung bekämpfen		
Wichtige Information erkennen lernen		
Alle Dokumente sofort sinnvoll bearbeiten		
Das Lesetempo steigern		
Sich andere gute Lese-gewohnheiten aneignen		
Die Konzentrations-fähigkeit verbessern		
Das Gedächtnis trainieren		
Den Papierzustrom eindämmen		
Den Schreibtisch aufräumen		
Das Ablagesystem verbessern		
Bereits vorhandene Akten durchforsten oder neu ordnen		
Die Papierstapel reduzieren		

Was ist zu tun	Priorität	Wann erledigt
Ablenkungen und Störungen ausschalten		
Die Zusendung unnötiger Informationen eindämmen		
Informationen zugänglich machen		
Andere zu verändertem Verhalten anregen		
Effektiver Umgang mit E-Mail		
Sich das Internet nutzbar machen		
Geeignete Software-lösungen wählen		
Neue Computer-programme lernen		
1.		
2.		
3.		
4.		
Über eine Verringerung der Arbeitsbelastung verhandeln		

Register

Zu diesem Themenkreis sind bereits erschienen:

Neil Barrett:
30 Minuten für den Einstieg ins Internet

ISBN 3-930799-85-5

Harald Schulz:
30 Minuten für überzeugende Business-Korrespondenz

ISBN 3-89749-035-8

Elizabeth Tierney:
30 Minuten für erfolgreiche Kommunikation

ISBN 3-930799-83-9

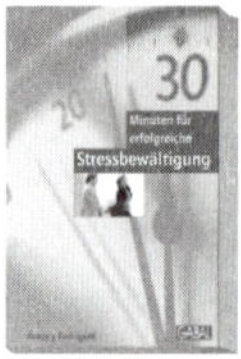

Antony Fedrigotti:
30 Minuten für erfolgreiche Stressbewältigung

ISBN 3-89749-037-4

Lothar J. Seiwert:
30 Minuten Zeitmanagement für Chaoten

ISBN 3-89749-040-4

Jeder Band:
DM 9,80 / öS 72 / sFr 9,80

Fragen Sie in Ihrer Buchhandlung nach weiteren Bänden dieser Reihe oder fordern Sie einen Verlagsprospekt an:

GABAL Verlag
Schumannstraße 161, 63069 Offenbach
Tel.: 0 69/84 00 03-13; Fax: 0 69/84 00 03-40
E-Mail: verlag@juenger.de